창조문학대표시인선 · 206

작은 들꽃 하나가

신영미 시집

창조문학사

□ 시인의 말

내가 가야 할 길이 있습니다.
거친 풍랑 속에서도
한여름 뙤약볕 속에서도
긴 겨울 혹독한 추위 속에서도
앞이 보이지 않는 캄캄한 어둠 속에서도
멈추지 않고 내가 꼭 가야만 하는 길이 있습니다.
홀로 가는 그 길이 외롭지 않은 것은
나를 지으신 그분이 늘 나와 함께 하시고
언제나 내 손을 붙잡고
나의 가는 길을 인도하고 계시기 때문입니다.
기쁨과 슬픔 속에서도
희망과 절망 속에서도
당신이 계셔서 하늘은 더 푸르렀고
내 삶은 더 강해지고
내 영혼은 어제보다 조금 더 빛나고 아름다워졌습니다.
오늘 아침에도 바람이 불고 내가 가는 길에 만나는
눈물겨운 애틋한 사연들이, 눈부신 하늘이
오직 당신을 위해 향기로운 시가 되어
어여쁜 시의 날개를 달고

고요한 산기슭에
빈 들판 여기 저기에
아름다운 꽃들을 활짝 피워냅니다.
난 오늘도 이 길에서 그렇게
사랑하는 당신을 즐거이 노래하고 있습니다.

"이는 만물이 주에게서 나오고 주로 말미암고 주에게로 돌아감이라 그에게 영광이 세세에 있을지어다 아멘" (롬11:36)

2012년 어느 가을에
신영미

차 례

제1부 산길에서

제2부 너와 나

제3부 삶의 길목에서

제 1 부

산길에서

해바라기 연가

그대로만 꽃이 될 수 있지요
하루에도 수없이
그대 이름 부르며
나 혼자서 꿈을 키워가요

그대 너무 눈부셔
고개조차 못 들고
몰래 키워온 사랑
어느새 이만큼 키가 커버렸나

가슴 가득한 사연
그대만이 채울 수 있는
내 영혼의 빈자리
여름 어느 날
빛 찬란히 내게 다가온 그대

언젠가 붉은 한숨 토해놓고
그대 떠난다 해도
그대는
그대는
내 생애 영원히 부를 나의 노래

그대 향한 내 마음은
강이 되고
바다가 되고
내 몸 깊은 곳 또다시
이별의 아픈 현이 울려도
나 오직 그대만을
목숨껏 품에 안고 살지요

봄 길

흐르는 청보리밭 위로
종달새 두어 마리 청아한 음률로
한나절 흥겨이 노래하고 있다
산어귀 수줍게 내려앉은 이른봄 햇살
오늘은 겨우내 얼어붙은 제 맘 풀어내
푸른 하늘 영롱히 시를 짓는다
그림 같은 새하얀 오솔길 휘돌아
저물도록 곡조 엮는 산까치들
산비탈 모여선 진달래꽃 가지마다
그리움으로 활활 불을 붙이고
흰눈 지나간 산성 기슭에
저절로 완연한 봄길이 열리어 오면
가끔 바람은
머나먼 산등성이 너머
봄빛 한아름 살며시 담아다가
내 집 앞마당에도
고운 산메아리 화안히
빛 풀어낸다

봄이 오는 소리

지난밤
어쩌면 바람이 모올래 담장너머
들판 가득 초록향유 뿌려놓고 갔을까
발밑에 밟히는 신록의 향기
품에 가득 쓸어안고
유산으로 물려받은 산과 강
올올이 햇살 풀어
따스한 핏줄 엮는다
내 안 즐거이 샘솟아나는
빛부신 환희
묵은해 한장 걷어다가
그리움으로, 봄길 위에 펴 놓으면
토담 위 수런수런 파랗게 잠 깨어나는 새하늘
수줍은 풀꽃 한송이
목숨 한껏 지켜온 정조로 꽃피워내고
산골짝마다 도란도란 햇빛 굴려오는 개울물 소리
종알종알 산새소리
고운 꽃잎 열고
나직이 바이올린 켠다

석 류

당신을 사랑할 때
피워올린
눈물꽃 한송이

사무쳐
사무쳐
가슴에 알알이 박힌
사연이랴

바람만 스쳐도
툭하고
터질 것 같은
마음이

밤새
하늘길 타오르는
뜨거운
내 눈물 되었네

어느 봄날에

봄빛의 날개를 달고
부지런한 바람이
첨벙거리며
푸른 하늘을 뛰어다닌다
황토빛 서정으로
감아올린
작은 축원 하나
한갖 괴로움도
따스한 봄흙으로 덮고
희망의 푸른 싹 틔우리
손풍금 울리며
백양나무 가지 끝
사알짝 흔들고 가는
새봄의 향기
나도 어느새
한그루 봄이 되어
그대를 맞는다

개나리꽃

가슴속에 응어리진 아픔일랑
다사로운 봄햇살로 풀어놓으렴
밤새 어둠을 살라
등 밝히고 서 있는
그리움 하나

연한 햇빛 한 줌 쥐어다가
들판 위에 흩뿌려놓고
금빛 현을 울리면
연초록 웃음으로
화들짝 깨어나는
순수의 바다

별이 머물다 간 자리
오랜 기다림이
노오란 꽃잎되어 터지면
흐르는 눈물일랑
싱그러운 바람으로 씻어버리고 오렴

봄빛 찬란한 소망을
빗살무늬 사랑으로
온 땅 가득 펼쳐들고
언제나 환한 얼굴로
내 삶을 연주하는
봄의 악사

봄

강푸른 물살로 오렴
연분홍 진달래꽃 향기로 오렴
바람이 산과 들에
다사로운 봄빛 풀어내면
문득 소스라쳐 기지개켜는
파아란 하늘
아지랑이 피어난 산등성이마다
눈비비고 일어서는
새하얀 양떼구름
두터운 외투를 벗어던지고
싱그러운 봄풀 옷으로 갈아입은
재잘대는 아이들의 흙 묻은 얼굴 위로
까르르 까르르 쏟아지는
복사꽃 같은 환한 웃음 속으로
포르르 포르르 날개짓하며
하늘 높이 비상하는
새떼들의 즐거운 합창 속으로
연초록 풀잎 속에서
노오란 꽃잎 속에서
힘찬 나팔소리 울리며
봄은 그렇게 흰 파도쳐
내게로
내게로 달려온다

배꽃나무 아래서

내 삶의 고원에
깊숙이 뿌리내린
연초록 꿈 하나

겨우내
들이치는 눈보라
거친 빗줄기에도 끄덕않고
홀로 단단히 서서

아무도 몰래
감춰온 사랑
따스한 햇살로 몸 녹여

봄기슭
가지마다 이다지
새하얀 꽃등
부시도록 달아 놓았나

백목련꽃이 필 때

하늘 언저리
지나가던 바람이
달빛 한자락 끊어다
토담 위
새하얀 꽃등 달아놓았나

하늘 높이
유정으로 피워올린
눈물 맺힌 사연
마음에 또 사무쳐서
시린 가슴 안고
목메어 불러보는
그 이름

고운 자태로 가만히
수천년을 꿈길 이어온
지고의 섬 하나
사람들이 다 떠나버린 이곳에
나 홀로 남아
아득히 널 부른다

봄 울타리 너머

봄 울타리 너머
아기 햇살 하나
살며시 내게 다가와
손 내밀어 인사 나눈다
밭두렁에 앉아 쑥캐는 아낙네들
손끝에 묻어오는
수채화 같은 연초록 하루
진달래 꽃잎 속에서
개나리 꽃잎 속에서
달디단 봄향기 한줄 꺾어다
가만히 내 기도의 화병에 꽂아놓는다
가파른 비탈길에서
온몸으로 껴안고 살아온
삶의 희망도 절망도
오늘은 잠시 여기 내려놓고
저 서산에 해지도록
이제는 마음 한녘
싱싱한 봄풀 가꾸는
맑은 시 한 줄로 살아가야겠네

봄향기

푸르고
푸르고
더 푸른 세상

나무는 나무대로
꽃은 꽃대로
풀은 풀대로

제각기
제 향기에 취해
제 빛깔에 취해

세상을 온통
싱그러운 봄향기로
채워갑니다

이 길
저 길
마주치는 길목마다
꽃잔치가 흥겹고

그 꽃향기에
사람들도
흰구름도
덩달아 꽃이 되고 마는

저만치
하늘과 땅 사이로

진달래

그대 향한 내 마음에
불을 당기면
계곡마다
산허리마다
활활 타오르는 정념의 물살

남몰래
언 땅 깊숙이 감추어둔 속내
남은 내 삶의 자리마다
눈이 부시게
하늘과 땅
선연히 꽃 피어나네

실낱 같은 희망 안고
그대 찾아 떠나온
덧없는 그 세월 속으로
오늘도 연분홍 서러운 꽃잎들이
산기슭
하염없이
또 긴 강 흐르고

노랑나비

노오란 장다리꽃 위로
지나가던 투명한 바람이
빛 부서져
노랑나비 되어
날개를 달았나

꽃봉오리 속에
그리움으로 숨어 살아온 날들
감사로 환히 길 밝히고

팔랑팔랑 귀여운 날개짓하며
수줍은 풀꽃에게
이슬 젖은 하늘빛 사연
전해주네

그 쬐끄만 가슴에도
눈물이랑 웃음이 감춰져 있을까

네 오랜 꿈이
지금 아름다운 선율 되어
하늘타리
따스한 봄향기로 피어나네

봉숭아

돌아서서 그대를 보내고 나면
정녕 잊을 수 있을까
보고픈 마음
아주 지워버릴 수 있을까
스치는 한줄기 바람에도
이내 두 눈에 고이는 눈물

그대 바라보며
한여름 뙤약볕 속에
절망으로 내 몸이 사위어 가고
우리가 함께
날선 운명을 비껴갈 수 없을지라도

어찌 잊으리
어찌 잊으리
내 삶의 마지막 순간까지
신념의 기를 높이 들고
빈가슴 가득 지켜온
내 하나의 사랑
오직 그대여

금낭화

눈물 많은 이 세상에서
너와의 짧은 만남과
긴 이별이
때론 우리의 서로 부둥켜 안는
기쁨과 슬픔이
머나먼 땅끝 남겨진 삶과 죽음이
무심한 너에게 혹은 나에게
흔히 피었다 지는 여러 가지 빛깔과
고운 향기 담은 여느 꽃들처럼
무슨 또 다른 의미가 있으랴만
강 아래 흰구름 지날 때
언젠가 이 땅 위에 스쳐간
그 이름 하나 불러다
빈 가슴에 묻고
오늘도 마음 사무쳐
초롱초롱 금낭화 한 줄기
이 산기슭 환히 꽃피워 올리노라

접시꽃

한적한 길모퉁이
하늘 향해 화알짝 꽃피어난
연분홍, 하얀 꽃마음

네 눈 속에 비친 파아란 하늘
사립문 젖히고
작은 새 한 마리 훨훨 날려보내면

머나먼
지평선 위로
향기로이 꽃 피어나는
눈물겨운 애틋한 사연들

불망의 한때
오늘도 누군가 너 그리워
길목마다
하염없이 눈물꽃을 피운다

산골 풍경

숨죽이며
가을 산 밑으로
지나가던 바람 한자락
마을 앞 은사시나무에 내려앉아
햇살 몇 알 톡톡 굴려내고 있다
손끝에 와닿는 시냇물소리
산비탈 무명의 잔가지마다
작연히 홍자색 꽃잎들 피워내고
흐르는 강물도 잠시 길 멈춰선 채
그 꽃 향기에 취한다
메마르고 건조한 땅
뜨거운 눈물과 땀으로 채워가는
고요한 네 일상 속에
어느덧 이마 훤한 앞산 고갯길
해지도록
염소 두어 마리
한가로이 풀을 뜯는다

나도 언젠가

맑은 날에도 궂은 날에도
묵묵히 긴 세월 이어온
푸른 강줄기 위로
이름 모를 산새들 날아와
한참을 지저귀다 돌아간다

꽃들은 저마다
부드러운 바람등에
연신 볼을 부비며
한 목소리로 고요히
빛부신 사랑을 연주하고

산맥을 따라 곧장 흐르던
새하얀 구름 하나
가파른 언덕길
큰 바위 위에 걸터앉아
해지도록 희망을 그물질한다

거칠고 황무한 땅
삶의 기쁨과 슬픔을
다 온몸으로 끌어안고
그곳에서 매일 깃치며
노래하는 작은 산새들

나도 언젠가 이 땅 위에
푸르른 소나무 한 그루
청청히 잎 피워내리

흐르는 강물처럼

이른봄 아침, 잠 깨어 살며시 널 만지면
허물어진 담장처럼
손끝에 아스라이 눈물이 묻어난다

거침없는 기세로 내게 달려와
척박한 땅을 훌훌 옷 벗어 던져놓고
내 안에 너를 찾아
네 안에 나를 찾아
조용히 순례의 길 떠나는

너는 이 세상 고독한 빛의 구도자
가만히 내게 다가와
거칠어진 내 발등을 적시고
골짜기와 빈 들판을 가로질러
아득한 침묵으로 날 깨우고 간다

어디선가 들려오는
하모니카의 고운 선율에 맞춰
별도 네 기슭에서 노래하고
달도 네 발치에 기대 앉아 꿈꾸는 그곳

네 속에서 철 따라 피고지는 들꽃들
땅 위의 고요한 풍경소리
오늘도 네 안엔 여전히
기쁨으로 환히 구원의 밤별이 빛나고 있다

흰구름

아직도 기약없는
그대만을 고집하며 살아가요

소중한 내 사랑
파아란 하늘 아련히
꽃으로 피워놓고
그대 만나러
굽이굽이 산길을
나 홀로 걷고 있어요

오직 그대만 바라보며
내 가슴속 영롱히 빛 채우던
눈 먼 사연들

밤새 그 맘 지새우다
먼 하늘
한보퉁이 눈물 안고 떠도는

새하얀
새하얀
그리움 되었어요

코스모스

가을바람이 간밤에
별 한줌 쥐어다가
이 빛나는 길 닦아놓았나

반짝반짝 보석을 뿌려놓은 듯
오색영롱한 이야기
새하얀 길 위로
나란히 펼쳐놓고

가녀린 꽃대궁 속 살아온
태고의 신비
해지도록 고운 선율 엮고 있네

하늘 닮은 깨끗한 눈매로
잎새마다 가만히 피워올린
가을녘,
아름다운 사랑의 송가

온 땅 위에
찬란히
은총으로 흐르네

가을을 보내며

낯선 세상 결별을 이루며
해와 달이 서로 비껴
먼 땅 먼 하늘을 넘나들고
꽃과 바람이 서로 안고
마지막 따스한 체온을 나누고 있다
지금 소리 없는 음률로
내 몸을 타고 흐르는 고요가
정녕 어둠탓만은 아닐진대
마음 결연히
너마저 떠나보내면
또다시 아픔으로 소리내어 우는
비젖은 간망
해마다 가을이면
생목숨 치받고 올라오는 서러운 강줄기
저 산허리 아득히
별빛조차
시름 앓고 눕는다

낙엽 1

이제야 가네
상심의 바다
내가 가진 모든 것들을
다 여기 내려놓고
당신께로 가네
그 뜨거운
영욕의 태양 아래
쇠잔한 땅과 하늘
우리가 찾던 낭만은 어디 가고
머나먼 지평선
수초처럼 떠 흐르는
외로운 이름만 남았느냐
이 가을엔
내 눈물과
내 혼을 다 살라서
내게 고귀한 생명주신
사랑하는 당신께
모두 바쳐야겠네

낙엽 2

저
들길 위로
소리 없이
바람 불면
눈부신
바람 불어오면
나 어여쁜
색동옷 입고
보고픈 그대
그리운 그대
얼른
만나러
가야겠네

해마다 십일월이면

해마다 십일월이면
장독대 위로 해 그림자 내려놓고
시름 한켠 흐르던 빠알간 고추잠자리 하나
또다시 빈주먹 쥐고
길모퉁이 하늘을 저 혼자서 채색하고 있다
탱자나무 울 밖 키 큰 단풍나무 가지 사이론
연일 후두둑 후두둑 빗방울 듣는 소리
길목마다 고즈넉히 그리움 비춰들고
삶의 여백 속으로
산향 풀어
천천히 가을길 지나던 강바람도
오늘은 잠시 여기 내려와
젖은 내 뜨락을
가만히 빛 쓸어안고 간다

낙엽을 밟으며

나 지금 가네
그리운 당신께로 가네
해 저무는 들길
바람 한자락 붙잡고
달빛을 밟으며
별빛을 밟으며

내가 살아온 땅
내가 살아온 하늘
다 뒤로 하고
보고픈 당신께로 가네

풀처럼 시들고 사라질
삶의 긴 능선 따라
술 취한 채 표류하는
외로운 사람들아,
너무 서러워 말아라

한조각 달빛에도 별빛에도
흔들리며 살아가는 것이
애달픈 우리 인생 아니런가

이 세상에
무슨 일이든 땀 흘리지 않고
펑펑 눈물 쏟지 않고서도
할 수 있는 일이
무엇이 있을까

우리 함께
고독한 영혼에 불놓아
꽃 한송이 활활 피워올리자

낙 화

비바람 헤치고
뙤약볕 속에서도
눈부심으로 지켜온 정조의 날들
이젠 남은 나를 위해
목청껏 울게 하라

적막한 땅
고요히 빛 흐르는
새벽 강물 따라
저 하늘 높이 비상하는

새는 날아야만 하고
강은 흘러야만 하듯
기어이 떨어짐으로만
제 목숨 환히 밝히는
눈물 맺힌 사연들

너와의 아름답던
소중한 추억은
결코 잊지 않으마

이 땅에서 못다 이룬
작은 축원 하나
널 위해
밤새워 촛불켜 올린다

가을이 진다

갈 길을 찾지 못한 채
텅 빈 들녘을 배회하고 있는
마른 꽃잎들 사이로
또 한녘의 가을이 진다

봄풀 내음은 아직 멀기만 한데
가슴에 꽃씨를 품고
하루내 뜨락을 넘나드는
고독한 이름 하나
나도 차라리
꽃의 넋을 껴안고
한점 별이 되리

험한 시련과 역경 속에서도
단 한순간을 놓지 않았던
삶이라는
그 질기고도 강한 뿌리를 끌어안고
오늘도 빈 들판
순백의 그 바람 사이로 쓸쓸히
주홍빛 가을이 진다

만추의 서정

새하얀 메밀밭 위로
노랑나비 한마리
평화로이 오수를 즐기고 있다

맨몸으로 돌짝밭을 걸어도
나날이 감사한 은혜런가

결실의 계절
어디선가 들려오는
목관악기의 고운 선율 속에
찰랑찰랑 가슴 젖어드는
만추의 서정

산봉우리
한가로이 넘나드는
나이 많은 흰구름 하나
한적히 세월 낚는
행복한 어부가 된다

꽃잎이 지겠다

홀로 걸어야 할
끝없는 순례의 길
간밤
내 강기슭
툭툭 떨어져 지던
마른 꽃잎의 비애가
시간의 산정을 타고
고요히 빛 흐른다
텅 빈 하늘 속으로
파랗게 산새떼들 풀어
가을빛 짜던
내 영혼의 고독한 창가
소리없이
저 달빛 기우는
어느 강기슭
또다시
펄펄 꽃잎이 지겠다

낙엽에게

아직 네 체온이 남아 있는
이곳으로
미끄러지듯
강 하나 굴러 떨어진다

문득 돌아다 보면
거친 풍광 속 아리는
내 유년의 신비로운 꽃밭

마른 들풀 우거진
긴 강둑 길 위로
활화산처럼 붉은 노을 타오른다

낮 내리내리 전해져 오는
그 가을빛의 잔상

때론 스치는 한줄기 바람에도
흔적 없이 사라질
풀잎 끝
한방울 이슬 같은
서러운 내 목숨 아니런가

겨울나무

저 하늘 시리도록 파랗게
빛 풀어올린 사연
매서운 눈보라 속에서도
몸에 실오라기 하나 걸치지 않고
한겨울 용케 견뎌냈구나

앙상한 가지마다
초록의 꿈을 걸고
시간 한켠 스러져간
한무리의 별을 찾아 헤매이듯
내 안의 나를 안고
기꺼이 버리는 법
비로소 빈 가지 되어 사는 법
이제야 너에게서 배운다

아, 그렇구나
겨우내 들이치던 혹한의 그 날들이
뜨거운 내 눈물 되어
나를 나 되게 하고
더욱 겸손히 나를 낮추고
그토록 목청 돋우어 나를 깨우던
삶의 종소리였음을
오늘 너를 보며 새롭게 깨닫는다

동 백

생애 가득 눈이 쌓여도
내 품에 그대를 안고
다시
이 자리에 섰습니다

얼어붙은 산허리
눈보라 속에서도
남은 체온을 지켜
숨죽이며 내 노래를 짓고 있어요

꽃잎마다 맺힌 염원
따스한 눈물 되고
은총의 기도 되고

뼈와 살을 칼바람에 묻고도
한줄 그리움으로 차가운 땅
활활 불길 올리던 사연

깊은 밤,
잔설 덮인 빈가지 끝
생명의 빛 모아
새봄 환히 길 밝혀준 이
바로, 당신입니다

눈부신 하늘 아래

눈부신 하늘 아래
고운 선율 엮어내던
이름 모를 산새 한마리
양 날개 위
풀어놓은
삶도 죽음도
오늘은 저만치
바람 따라 흐르고
산 아래
빈 들판도
눈을 들어
희망의 새노래를 부른다

강물 위 흰구름 깨워
사람들마다 잔잔히 파도치는 그리움
느티나무 그늘 아래
잠시 아픈 삶을 내려 놓고
그래도 저마다 향기나는
어여쁜 풀꽃들 피우며
서로 등기대어
다정히 살아가는

낯익은 그 풍경 속으로
나도 사립문 열고
앞뜰 환히
길을 나선다

웃음 소리

산등성이
머얼리 퍼지는
당신의 향기
꽃 향기
하하호호
하하호호
당신의 웃음소리
내 웃음소리
하늘 끝 펼쳐지는
꽃들의 향연
흰구름도
그 꽃 향기에 취해
길을 멈춰선
어느 봄날
오후에

제 2 부

너와 나

마음은 이렇게 매일

눈을 감아도 또렷이 보이는 그대
밤새워 지운다고
지울 수 있을까
아직도 그대에게 얽혀있는 마음
풀어내기 힘드오
강물이 소리없이 흘러 큰 바다 이루듯
때가 되면
그대 잊히기야 하련만
내 삶의 간이역
스치는 한줄기 바람에도
빈 가슴 가득 무덤으로 키운
빛의 상흔
마음은 이렇게 매일
눈물의 뼈를 닦는가

사는 일이 아파라

내 안의 그대
먼 하늘 향해
솔바람 속 환히
풀꽃향기 띄워보낸 사연
어쩌다 마주치면 사는 일이 아파라
여름내 빛나던 구름
즐거운 시냇물소리
손끝에 물드는 풀향기
모두가 현악처럼 듣기에 좋았지
그렇게 하루 해 다 가도록
우두커니 남아 있는
마음 하나
아직도 잠 못 들고
까만 밤을 하얗게 지새우네

인연 1

바람과 바람 사이
겹겹의 흰파도 서서
등 돌리고
눈 감으면
다 지울 수 있을까
아무도 몰래
땅속 깊이 묻어버린 마음
이렇게 멀어도
가슴 한켠 자리한 빈자리
저 하늘로 덮는다고
정녕 다 덮을 수 있을까
내 살과 뼈를 다 퍼주어도
아깝지 않을 사람아,
천년 만년 흔적없이 지운다고
잊혀질 인연이라면
이제는 내 안의 눈물을
죄다 모아
말끔히 낙엽으로 태워야 하리

인연 2

빈 들판 위로 지나가던
바람이
발길 잠시 머물러가면
그 스쳐간 자리마다
앞다투어 피어나는
연초록 잎새들
연분홍 꽃잎들
이렇듯
마음과 마음이
서로 얽혀
인연을 맺듯
너와 나
만추의 들녘에서 만나
사무쳐 가슴 가득한 세월이랴
간 데마다
그대는 내 영혼을 깨우네

인연 3

날마다
달빛으로
별빛으로
널 안아도
채워지지 않는
내 마음의 빈터
길가에 구르는
투명한 바람소리 들으며
거기 흰구름 아래 내가 사네
해지는 가을 산허리
그리워 떠도는
바람의 열망
죽어서도 영원히
그대 안고 사는
네 안의
빛이 되리

너와 나

손풍금 울리며
밤하늘 뛰놀던
뭇별의 고운 합창 소리
바위 끝 부서지던 흰 파도소리
아직 내 안에 남아 있네
밤 깊도록
드넓은 바다 위로
푸른 상념의 닻을 내리고
너와 나
새하얀 달빛에 기대앉아
함께 꿈 꾸었지
이제는 머나먼 수평선 위로
한줄 기도가 되어 흐르는
향기로운 꽃 한다발의 추억
그때 내 가슴에 묻어둔
파아란 하늘 한장 펼쳐서
너 있는 곳으로
흰구름 띄워보내면
내 마음 전할 수 있을까
너 지금은 어느 하늘 아래서
네 그 고운 꿈을
화알짝 나래 펴고 있니

옥잠화

나 이제야 고개 끄덕여
당신을 보냅니다
언젠가
그리운 마음 하나 접어서
새하얀 달빛에 실어 보내면

그대 가버린 빈터에
말없이 바람이 스쳐가고
흰구름만
가까이 내려와
다정한 내 친구가 되어 줍니다

신록의 그 여름 숲에서
당신을 가끔 만나는 동안 가졌던
설레임에 대해 생각해 봅니다

이 드넓은 하늘 아래서
당신과 내가 적요한 몸으로
잠시 만나
서로를 사랑할 수 있음이
얼마나 감사한 일인지요

잠시 스쳐간 당신과의
짧은 만남과 긴 이별이
이제는
내 영혼의 숲길에 이렇듯
순결한 향기로
환히 꽃 피어났습니다

그 소망 살고 싶다

마음 속에 타다만 것들이
어찌 너 하나뿐이랴
청솔가지 한아름 등에 지고
나 홀로 덩그마니
산길을 달 쓸고 내려오는 날이면
이 하루도 기꺼이
내가 만나는 모든 이들에게
해맑은 웃음 한다발
화안히 건넬 줄 아는 넉넉함으로
또 하루를 살고 싶다
저녁 어스름과 더불어 찾아온
그 오랜 그리움으로
가을 산어귀 휘어앉은
내 영혼의 맑은 샘가
어둠 속에 찬란히 빛나는
그 숨은 별들 찾아서
한세상 즐거이
이름없는 풀꽃들 피워올리며
나 항상 이대로
그 소망 살고 싶다

빈 들녘에서

휘휘 내두르는
내 삶의 도리깨질 끝에 휘감겨
아득히 흩어져 날리는
만추의 마른 꽃잎들
그림자 하나가
쓰다버린 호미자루마냥
텅 빈 들녘에 홀로 앉아
시름 잠긴다
그 곳으로
한무리의 은어떼들
떠나버린 발자국들 위로
연신 그리움 퍼 나르고
밤하늘 고요히 노래하는
눈부신 달빛의 연가
밤새도록 날 찾아와
굳게 닫힌
내 사유의 창문을 자꾸 흔든다

들풀처럼

밤마다 사립문 흔들어대던
일월의 거친 눈보라
나도 덩달아 시름 앓고 눕는다
누군가 허물어져 내린
내 집 담장에 기대어 서럽게 운다
종일토록 나를 혼돈의 숲으로 몰아치던
그 바람 소리
골목길 산산이 부서져 내리던
빛의 조각들
난 오늘도 여전히 너만 생각하며
넘어져도 다시 일어서는
강인한 저 들풀처럼
인적 없는 캄캄한 들판에
나 홀로 서서
마지막 힘을 다해
내 영혼에 한줄기 길을 낸다

허수아비 연가

밤하늘의 별을 다 품에 안고도
내 가슴은 이렇듯 텅 비어 있네
도랑져 흐르는 세월 속으로
한시절 넘나드는 구름이랴
이제는 추억인 듯 모두 보내리
애타는 마음으로
빈 들판 한가운데 발끝 세우고
온종일 목이 터져라
부르고 부르는 나의 노래
이곳에 한줄기 빛으로 오셔서
메마른 땅 향기로이 꽃과 열매 내신
당신의 그 큰 사랑으로
나는 오늘도 간절히
내 영혼 깊은 곳 마지막 빛
당신을 우러르네

기억 속으로

바람 한 점 없는 거친 황무지
키 큰 타조 한마리
폭풍처럼 해와 달 가로질러
하늘 끝 치닫고 있다

부질없는 열망으로
시간의 수레바퀴 위 쿵쿵 떨구어내던
네 청춘의 푸르른 심박동 소리
아스라한 기억 저편
해 한조각 쓸쓸히 가슴에 건다

이 세상 뭐 하나 내세울 것도
애터지게 더 바랄 것도 없는
주검 같은 무념의 한목숨 걸고
어둠 속 헤쳐나온 고적한 네 넋

오늘도 제 날개를 찾아
땅 밑 단단히 뿌리내린
캄캄한 어둠 깨트려
먼발치 빈 하늘 응시하지만
더 이상 날지 못하고
날지 못하고

흙먼지 뿌옇게 날리는 남루의 시간 속
말라빠진 강바닥에
묵묵히 달 하나 키우는
너 아직도 꿈꾸는 새야!
미망의 세월 한 자락

시간이 흐르면서

시간이 흐르면서
오래 전, 해묵은 상처가
내 뜨락에 선홍빛 노을로 키가 자란다
거기서 만난 당신을
잠시 곁에 두면
내 몸 속 비구름 떠다니는
고독을 빼채 지울 수 있을까
어느 날은 눈물로 길들이며
어느 날은 헤픈 웃음으로 길들이며
구불구불 산길 오르며
해진 옷을 다 훌훌 벗어 던져도
내 영혼의 숲길에 피어나는
눈물꽃 하나
인간이기에 가지는
삶의 아픈 빈자리
찬란한 그 깊이를
정녕, 어느 누가 다 헤아릴 수 있으랴

작은 들꽃 하나가

이 세상에 눈물 아닌 삶이 어디 있을까
오늘도 바람이 불고
비가 내리고
밤하늘 아득히 별이 뜨고 또 진다
세월 한켠
꽃 한송이 피어있지 않은
울울한 내 삶의 빈터에도
다시 바람이 불고 비가 내린다

그냥 이곳에
한조각 돌 같은 마음으로 서 있어도
가파른 언덕길 오르며
강 끝 유영하는
무채색의 내 시린 꿈들
비록 우수수 꽃잎 지는 아픔을
또 겪을지라도
실망하지 말고 일어서야 하리

어디선가 연분홍 고운 나래를 펴고
작은 들꽃 하나가
내 처마 밑 섬돌에 내려와 앉아
그 동안 천리 빗길 이어온
깨알 같은 속사연
밤 깊도록 풀어놓는다

그래, 이 세상 어디에 눈물 아닌 삶이 있을까
이 세상 어느 곳에
내 뜨거운 눈물 없이도
일으킬 수 있는 삶이 있단 말인가

마음 풍경

낮은 어조로 노래하는
내 무의식의 희뿌연 차창 너머로
슬픔의 낮달이 떠오르면

흔들리는 등불처럼
흐릿한 불빛처럼
내 어깨 위로 가벼이 떠다니는
젖은 꽃이파리 같은 비애가
사방으로 흩어져
네 하늘 아래 서성인다

이내 어둠 속에 멈춰선
상심한 걸음 하나
바하의 G선상의 아리아를 꿈꾸며
나선형의 그 하늘을
목마름으로 버티고 섰다

언젠가 삶 외곽 녹슨 철조망 너머
갇혀 버린 그 아득한 희망을 찾아서
푸른 강줄기 같은 당당함으로
다시 너에게로 달려가지만

삭풍이 지나간 빈 들판 위로
불안한 침묵이 손끝 유리하며
내 발 밑에 힘없이 스러진다

미 련

오늘도 흐르는 눈물을
감추지 못하고
어둠 헤쳐
초록 꿈을 긷고 있다

눈 먼 새가 되어
사철 그리움에 젖어
날개짓하던
햇살 묻은 기억들을
손끝에 더듬으며

하늘 저편
기쁨을 나눠 갖지 못하면서
슬픔을 나눠 갖지 못하면서

내 고독한 창가에
눈부신 사랑을
달만큼 키워 놓았다

바닷가에서

빈 바닷가
흰 파도소리 밟으며
돌아서 가는 너에게
돌아서 오는 나에게
나 그냥 이대로
한점 섬이라도 되어 설까

눈감고 서면
무심히 아픔으로 쓸리는 빈 정
나면서 죽는 일과
오늘을 이어 사는 일을 생각하고 있다

사랑하는 마음도
미워하는 마음도
모두다 한가지로 겨운
정념의 물살

눈물은 가슴을 덮고
바다를 덮고
저 하늘을 덮는데
긴 밤 쓸어안고 울던 가슴앓이
이젠 다 비우고
저 파도처럼 살아야 한다고

먼지 나는 세상에서
지워버린 하늘과
가버린 사랑과
이제사 철도 없이 눈물 난다

희망 1

밤새 내 어깨위로 힘없이 걸려 있던
새하얀 조각달
종일 뚜벅뚜벅 그림자 따라붙는
내 영혼 깊은 곳 침묵을 마주하고서야
나는 비로소 캄캄한 어둠 속에서
한자락 새벽을 꿈꾼다

세상의 굵은 오라를 끊고
삶 한켠 세들어 살던
내 가슴섶 적막한 사연들
이제는 마음 한길 고요히
빛이 되어 흐르고

논바닥 쩍쩍 뼈 갈라지는 강추위 속에
강물도 가던 길을 멈춰서고
하늘 끝 떨어져나간 절망의 외딴섬에서

그래도 차디찬 땅 훈훈히 삶의 불놓아
감자알 같은 튼실한 정
도란도란 살뜰히 빛 엮어내는
내 가난한 이웃들과
동구밖 빈 논배미

마른 들풀들의 나직한 노래소리에
산골짜기 실바람 흔들어 깨우는
남은 또 하루와

비탈진 산하
초록으로 환히 길 열고 오는 새봄을 안고
너는 오늘도 그곳에서
잔기침하는 내 언 땅 구석구석
차례로 툭툭 기운차게 밝은 햇살을 튼다

희망 2

인적 없는 이곳 초겨울 들판에
한편의 서사시처럼 가지런히 널려있는
버려진 짚더미들만 3.1항쟁인 양 버티어서
지친 내 어깨너머 남은 하루를 지키고 있다
차고 매섭던 거친 격랑에도 당당히 맞서
아픈 터를 잡아 살아가는 사람들
길가 뿌리박힌 돌처럼
무엇에든 길들여 살다보면
헤쳐가야 할 어둠조차
차라리 마음붙인 따스한 위안이 되고
고적한 땅
한조각 달빛 떠도는
삶의 서글픈 편린들
무너진 담장너머 하나 둘씩 쌓여가는
빈집들만 휘휘 찬바람 감겨 나부낀다
이렇듯 습관처럼 달려드는 타다만 젖은 기억들이
지난 서러운 내력처럼 자꾸만
내 하늘가 붉은 노을 걸리고
나는 오늘도 생의 가파른 언덕길 오르며
품에 가득 마른 삭정이들 주워다
궁벽한 내 방안 구석구석
서둘러 활활 군불을 땐다

희망 3

해거름, 허름한 좌판 가득 펼쳐놓은
한꾸러미 남은 일과를 아쉬움으로 거두어
구절초꽃 피어 흩어진
내 유년의 강가 또 그리워 간다
하루에도 몇 번씩 찬바람 끝 유영하는
해진 내 꿈의 조각들
눈물의 사연 안고 등에 강물 풀어낸다
아픔으로 어제 쓰라렸던 하루도
오늘은 해바라기처럼 활짝 허리 펴 세우고
흰 파도처럼 쉼없이 나를 일으켜
저 깊은 무념의 땅을 헤쳐가면
언젠가는 널 다시 만날 수 있을까
사철 소나무처럼 청청히 제 향 지키고 사는
푸른 강 하나, 이따금씩
내 안에 부시도록 새벽빛 풀어놓고 간다

희망 4

이른 아침
대청마루에 올라앉아 건너다본 창연한 하늘이
내 몸의 뼈들을 다정히 어루만진다
마당 한귀퉁이 단풍나무 가지 끝엔
아직 생을 다 마감 못한 몇 장의 마른 잎들이
손끝만 대도 툭 터질 것 같은 나신을 오그려
홀로 빈가슴 달래고
마을 어귀 긴 강 늘어뜨린 무명의 흰 대지 위로
바람 한 줄 맑은 햇살 풀어 낭랑히 시를 읊고 간다
한때 길을 잃고 헤매이던
내 삶의 헛된 열망들
이제야 제 갈 길을 찾아
산마루 고즈넉히 순백의 꿈을 건다
그곳은 약속의 땅 혹은 존재로의 영원한 귀환
그 길을 따라 오늘도
가을 풀꽃 같은 사람들이
저마다 한보퉁이 따스한 세상을 가슴에 품고
먼 하늘
이별 없는 눈물의 끝으로
한점 별이 되어 흐른다

희망 5

연일 내 창가에 부서지던 찬바람도
가슴 한켠 멈춰서 버린 고장난 시계초침도
발밑 푸석거리는 묵은 내 꿈도
정지된 강 아득한 시간 속 한줄 비 뿌리며
두레박 가득 뜨거운 내 눈물을 퍼올린다

마침내 생의 공복에 휘어 구부러진
허기진 골목마다
대지의 불안한 기류가 숨가쁜 호흡을 하며
뿌연 안개 속 성큼성큼 다가와
시들은 꽃잎처럼 내 발 밑에 허물 쌓이고,
그렇게 우두커니 또 해가 지면
캄캄한 빈 들판 위로 창백한 달이 떠오른다
거기서 소리쳐 불러보는 이름 하나
지나가고 사라질 이 세상에서
내 안에 널 다시 창조해 가는
또 다른 시간 속에서

누가 뿌려놓고 갔을까
간밤 내 집 앞마당 한켠에 피어난
눈물나도록 빛깔 고운 타래붓꽃 한그루
잔설 덮인 새하얀 대지 위로
새롭게 피어나는 희망 하나
시냇가 마른 풀더미 속 헤치고
내가 늘 꿈꾸던 그 하늘이
오늘 다시 따스한 봄빛으로 날 환히 세운다.

희망 6

눈부신 태양 아래
조용히 무릎 꿇어앉은 저 산야
오늘도 나는 살아있음으로
생애 가득 널 노래한다
마음속 고요한 빛타래 풀어
가만히 너에게로 신 벗어 가면
그 오랜 그리움으로
길섶마다 화안히 들고나는 진초록 이야기들
손에 잡힐 듯 잡히지 않는
푸른 솔잎 새 낮달 흔들고 가는 실바람소리
피처럼 붉은 꽃잎 같은
상흔만 적시고 간다
그러한 내 인생 위에 선
이끼 낀 돌비석 하나
흰구름 한다발 얹어두고
서둘러 발길 돌아서면
어느새 다가서는 회한의 깊은 강가
파편처럼 흩어져 박히는 지난 시간들
거기 내 눈물의 동토에서 자라는
한줄기 푸른 하늘
나도 언젠가는 그 신록의 빛으로
널 찾아 안으리

희망 7

가진 것 다 퍼주어
그리움만 남은
초겨울 빈 강가

핏줄 같은 빛 한올
투망질하며
미명의 새하루를 연다

종일토록 머리맡 성가신
상념 하나
새털구름 되어
먼 하늘 흩어지면

강기슭
낮달의 잔기침 소리
산언저리 갈풀 향기로 남아
해진 내 옷깃을 적시고

오늘도 잡풀 우거진
밭두렁에 홀로 앉아

서둘러
햇빛을 캐고 계시는
늙으신 내 어머니

꿈을 위하여

어둠 속에서
더욱 빛나는 네 이름

사시사철
눈부신
내 빛의 왕궁이여

기다림에 지쳐
애타는 마음일랑
일월의 눈꽃 향기로 덮어두리

날마다
네 안에 나를 묻고
내 안에 너를 묻고

해지도록
목놓아 불러보는 그 이름

기어이
내 눈물 되었네

감사 1

어느 쓸쓸한 봄날에
살며시 내게 다가와
들꽃 한아름
품에 안겨 주던 당신

수많은 사람들 중에
내 손을 잡아주고
반가이 내 이름을 불러준
고마운 당신

오늘도 당신에게서 나는
유채꽃 고운 향기를 맡으며
투명한 바람으로
내 손과 발을 깨끗이 헹궈냅니다

고요한 내 삶에
민들레 꽃씨 한알 묻으며
감사의 기도를 올립니다

당신이 내 곁에 있음으로
이길 수 있었던
절망의 눈보라

어느새 거기
잎푸른 소나무 한그루
청청히 자라고 있습니다

감사 2

나뭇잎들 사이로
나직이 속삭이며 흐르는
영롱한 바람 소리
돌 틈마다 새롯이 돋아난
파아란 꿈
눈물이 가슴에 북받쳐

먼 하늘 향해 날개짓하다
산등성이 멈춰선
고단한 내 마음도
간밤 떨어져 내린
꽃잎의 비애를 어루만지는
별들의 눈물 맺힌 사연도

저마다
감사로 환히 밝히는
삶의 뜨거운 연가
오늘 아침
내 영혼의 강가에도
눈부신 바람 불어온다

감사 3

이 땅에 사는 동안
너에게 향기로운 꽃 한 다발로
남을 수 있다면

그렇게 너에게
작은 미소를 줄 수 있다면
감사로 남은 이 하루도 노래하리

종종 널 향한 마음이
너무 깊어져서
내 가슴에 하염없이 비가 내리고
그것이 더러
내 삶에 고칠 수 없는
화인이 되어도

더욱 간절히
내 자리를 지키며
길모퉁이 돌 하나에도
이름없는 풀 한포기에도
나는 더욱 감사하리

나는 이제 네 안에서

빙 둘러친 울창한 삼림 속
어둠도 걷혀나가고
묶였던 강들도 시나브로 끌러내
깨꽃처럼 화안히 밝아오는 새벽 하늘

늘 너 하나만을 고집하며
묵정밭 쐐기풀 위에
눈물자국 남기던
남루의 세월조차
이제는 모두다
그리움이라 이름 두자

이른 아침부터 사립문 흔들며
빈 들판 여기저기로 흩어져간
수천의 눈송이들처럼
나는 이제 네 안에서
일월의 세찬 강바람보다 자유롭다

자 유

지난 밤 길을 잃고
석조건물 사이로 굴러 떨어진
희미한 별빛 하나
아스라이 내 손 끝에 걸린다

파편으로 부서진 시간들
아직 내 안에 남아 있는가

살아 있음으로
조금씩 꿈꿔보는 또 다른 세상
멀리서 들려오는 기적소리
우두커니 또 하루가 스쳐 지나도

바람 속에 떠도는
내 영혼의 방황하던 빛들이
드넓은 바다 위
푸르름으로 다시 날개를 편다

어쩌다 바람이 스쳐간다

밤나무 가지 끝에 걸려
마을 앞 골목을
환히 비추고 있는
흰구름 하나

그곳으로
두 손 마주잡은 생과 사
끊을 수 없는
인연의 강을 휘돌아서
함께 이 길을 간다

금간 태양 아래
눈물 젖은 사연 안고
남루한 세상 힘없이 떠도는
그림자 두엇

잊은 듯이 살려오
다 버린 듯이 살려오

빈 고샅길 따라
삶의 짐 하나씩 등에 지고
서둘러 길 떠나는 사람들
새하얀 달빛 위로
어쩌다 바람이 스쳐간다

어머니

어머니, 당신은 한 그루 미루나무입니다
어린 새들이 그 품에 깃들여 초록 둥지를 틀고
새벽을 깨워 가지마다 즐거이 노래하고 있습니다

평생을 별빛 한 사발로 허기 채우며
해지도록 뙤약볕 속 거친 땅 일궈오신 내 어머니
이제도 언 땅 위에 신념의 푸른 기를 꽂고
매서운 눈보라 속에서도 한결같은 사랑으로
빈 하늘 가득 신록의 바다를 펴올리고 계십니까

지나온 시절 두 손 단단히 날선 바람을 휘어잡고
온몸으로 일으키던 희망의 푸른 징소리
입가엔 어느새 고운 햇살이 터져
박꽃처럼 환히 웃고 계시는 내 어머니

거칠어진 삶의 이랑마다 빈 가슴 묻고
어둔 산밭머리 홀로 앉아
남은 희망을 짓고 계시는 늙으신 내 어머니
당신은 오늘도 고단한 하루를 초 한 자루에 풀어놓고
밤새 저 외진 고샅길 열어
일월의 꿈을 낱낱이 빛 거닐고 오십니까

예수 -빛

마침내
새 하늘과
새 땅이 열리고
당신의 말씀이
땅과 바다를 진동하며
온 우주를
환히 밝히고 있습니다

눈부신 그 빛 속에서
너와 내가
새롭게 창조되고
땅의 모든 끝들이
돌아와
당신의 그 이름 앞에
겸손히 엎드립니다

수면 위 어둠이 그치고
만물이 새롭게 눈을 떠
이 시간
오직 당신을
당신만을
영원히 노래합니다

예수 –생명

풀잎들 사이로
반짝이며 부서져 내리는
투명한 햇살이
마치 내 귀에 속삭이는
당신의 음성 같습니다

이른봄 아침
빈 가지마다 살며시 고개 내민
연초록 잎새들이
마치 당신 발 앞에 선
수줍은 내 마음 같습니다

산과 들에 피고지는
이름 모를 꽃들의 향연
해지는 줄 모르고
작은 오솔길 위로
깃 치며 날아오르는
새들의 고운 합창소리

산등성이 위로 빙 둘러 앉아
꿈꾸며 노래하는
밤하늘의 빛나는 별들
골짜기마다 울려 퍼지는
시냇물의 청아한 노랫소리

생명 있는 모든 존재들이
지금 당신 앞에서
즐거이 춤추며 노래하며
온 땅을
푸르름으로
찬란히 수놓고 있습니다

예수 –별

깊은 밤
날 찾아와
내게 별이 되라고 하셨네
어둠 속에
방황하는 이들을
당신의 빛으로 환히 비춰서
그들도 절망 속에서 걸어 나와
당신의 빛으로 살도록
도와주라고 말씀하셨네

빈 내 하늘에
눈부신 별을 달아준 당신
이제는 내가
당신의 품에 가득
빛나는 별들을 안겨드릴게요

슬픔과 탄식으로
길을 잃고 헤매는
수많은 이들이
그때
당신이 걸어둔
그 별을 보고
길을 찾아서 힘껏
당신께로 달려갈 것입니다

예수 -꽃

내가
꽃이 되었습니다
발끝에서부터 머리끝 한올까지
내가
꽃이 되었습니다

내가 꽃이 된 것은
당신이 꽃이 되기를 바래서지요
당신이 꽃이 되어
내 손을 잡아주자
나는 꽃이 되었습니다

내가 당신의 뜨락에
향기론 꽃으로 선 날
하늘과 땅은
온통
당신의 꽃향기로 가득해집니다

당신 때문에
내가 꽃이 되었습니다
당신이 아니면
나는 꽃이 아닙니다

첫사랑

그대
처음 본 순간
한줄기 빛이
그 빛이
내 안에 들어와
이후로
한시도 잊히지 않는
눈부신
내 첫사랑
되었
네

제 3 부
삶의 길목에서

가는 길에 1

뼈와 살을 땅에 묻고
내가 감당해야 할
삶의 무게를
사랑보다 더 깊이 가슴 끌어안고 산다

그러던 어느 날
강물 흐르듯
세월이 흐르고 나면

지우는 일과
버리는 일과
이것이 다 살아가는 한 방법이라고
고개 끄덕여 미소 지을 수 있을까

살다 보면 누구에게나
메마른 가지 끝에
가슴 훙건히 눈물 적시는
기쁘고 슬픈 이야기들

빛 영롱히
시의 향기로
전해져 오는 것을

가는 길에 2

춥고 외로운 사람들이
살 풀어
영혼 풀어
정답게 모여 사는 곳

그곳에서
장다리꽃 따먹으며
맑은 시냇물로 흐르고 싶네

산과 들에
향기로 넘쳐나는
신록의 하루
대소쿠리 가득 담아다가

징검다리 건너
빈가슴마다
빛 뿌려주고
눈물 뿌려주고

내 생애 소중한 나날
송이송이 꽃 엮어서
내 안의 눈부신 당신께
기쁨으로 바치고 싶네

가는 길에 3

구름과 바람을 벗삼아
저 산을 넘으면
언젠가 나도
그리운 당신을 만나리
강둑에 홀로 앉아
남몰래 불러보는
그 이름

어제 잠 못 이루고
밤새 앓았던 아픔도
끝내 지워지지 않을 거 같은
가슴 속 깊은 상처도
이 어둠이 걷히고 나면
눈물의 향기로 꽃 피우리

죽음도 삶도
홀로 걸어야 할
간절한 사랑이라면
이제는 힘을 다해
남은 이 길을 가야 하네

가는 길에 4

난 오늘도 오래된 습관처럼
내가 꿈꾸던 그 길을 걸어간다
밝고 투명한
수채화 같은 하루를
또 기다리며

어느 한 곳 기댈 데 없는
외론 세상에서
기약도 없이 흘러갈
우리, 흰구름 같은 생일지라도

때론 소나무처럼
땅속 깊이
뿌리를 내리지 못할 만큼
삶이 견디기 힘들지라도

이 땅에 사는 동안
따스한 그대와 손 붙잡고
길모퉁이 이름 모를 저 풀꽃들처럼
마음만은 언제나
저 높은 곳을 향해
향기로이 꽃을 피우며 살리

가는 길에 5

오늘 아침에도
긴 강변을 따라
샛노란 금계국이
꽃물결을 이루고 있다

결코 끝나지 않을 거 같은
길고 긴 어둠의 터널도
내 뼈에 새겨진 아픔도

밤새워 눈물로 씻어내면
나도 언젠가는
저 눈부신 꽃들처럼
환히 웃을 수 있을까

마음의 벼랑 끝에 선
아직도 위로받지 못한 회한이
뒤란에 대나무 뿌리처럼
깊디 깊다

기침 잦은 이 세상
두 눈을 감고
뒤돌아보지 말고
살아 있음조차 잊고 가자

살아서는 빈 가슴을
채울 길 없어
죽어
비 되어 구름 되어
땅끝 가는 희망의 사람들

눈물 한장 걷어내면
어둠 한장 걷어내면
이 외롬도 정녕
향기 더욱 깊으리

가는 길에 6

밟히면 밟힐수록
더욱 꿋꿋하게 일어서서
내 앞을 밝히는 길이 있습니다
내가 찾은 그 작은 길 하나가
내게 손짓하며 나를 부르면
곧게 뻗은 그 좁은 길 위로
푸른 하늘이 내려와
온종일
빛으로 출렁입니다

거친 비바람을 견뎌낸
꽃들이 더 슬프고 아름답고
매서운 눈보라 속에서
얼음 헤치고 살며시 고개 내민
새싹들이 더 사랑스럽고
가슴에 메이듯
여름이 지나며
흰구름이 온 산을 덮고
내 가슴속 고독이
더욱 깊어가는 계절

아프고 고통스러워도
그럴수록 더 질기고 강한 것이
들풀 같은 우리 삶이라 했던가

그대여,
잠시만 가던 길을 멈춰서 보세요
나도 이 길 어디쯤에서
당신을 만나
슬프고 즐거웠던
내 삶의 길고 긴 노래를
이젠 다 들려드릴게요

가는 길에 7

칠흑 같은 어둠이
남은 길들을 다 지우고
달빛마저 숨죽여
골짜기 사이로 사라지고 나면

푸른 바다
그 위에 상념의 닻을 내리고
오래 전 잊혀진 그 길을
남몰래 찾아 나서는 사람들이 있다

누군가
산비탈 바스락거리는
마른 낙엽 같은 나신을
밤새워
활활 눈물로 태워올린다

삽 한자루
호미 한자루 같은
고독을 두 손에 힘껏 움켜쥐고

천지가 고요한
은빛 자작나무 숲에서
저도 반듯한
한그루 나무가 되어
순백의 혼을 키우는 사람들

오늘도 그들이 거기 홀로
울창한 숲이 되어
제 자리를 지키며
묵묵히 살아가고 있다

가는 길에 8

나 오늘은 또 어떻게 살까
사람이 사는 곳이라면
언제 어디서나
구름이 지나가고
바람이 불고
햇빛 속에서 어김없이
꽃들이 피어나지

해질녘에도
논두렁 밭두렁에 앉아
흔들리는 삶을
담쟁이 덩굴처럼
서로 끌어안고

산처럼
바다처럼 살아가는 이들
지금 어디에 있는가

캄캄한 어둠 속에서
희미한 별빛 한자락 끌어다
처마끝
창연한 하늘을 열고

생의 가파른 난간에서
눈물로 일으키는
뜨거운 목숨 하나
고단한 내 인생길에서
널 만났다

가는 길에 9

아무도 찾지 않아도
누군가 이름 불러주지 않아도
넌 여전히 네 자리를
지키고 있구나

사람들 지나간 길목에
달빛만 하얗게 내려 앉아
길을 밝히고
밤새 기다려도
찾아오는 이 없어도

넌 그렇게 또
고독한 나무가 되어
고독한 길 위에 서 있지만

오늘도 즐거이
네 자리를 굳게 지키며
네가 해야 할 일을 하고 있으니
넌 참으로 행복한 사람이다

가는 길에 10

내 마음의 유적한 강가
작은 새 한 마리
해지도록 노래하다
저 멀리 흰구름 따라간다

천리길
그리움 안고 가는
아리 아리 아라리요 아라리요
강 굽이굽이 돌아서가는
아리랑길
눈물의 땅 가득
빈 가슴 에워온다

오늘도
네 손 붙잡고
어둠 속에 환히 길을 터
그리운 내 땅
가파른
그 언덕길
오르고 또 오른다

가는 길에 11

누가 뭐래도
난 내가 가야 할 길을 알고 있다
더러는 거친 비바람에
온몸이 흔들리고 쓰러져도
다시 일어나 내가 있어야 될 자리를 지키고
내가 가야 할 곳을 바라보며 당당히 걸어간다

시간이 흐르면서
점점 더 내 삶도 깊어지고
땅도 깊어지고
하늘도 깊어진다

때론 내 앞에 헤쳐가야 길이 너무 아득해
땅바닥에 망망히 주저 앉아 있을 때에도
가시덤불 우거진 수풀을 지나면서
내 손과 발에 수없이 상처가 나고
내 몸에 시퍼런 멍이 지고
그 고통으로 밤새 잠 못 이룰 때에도

난 다음날 아침이면
새로운 태양 앞에
활짝 기지개 켜고 일어나
내가 가야 할 그 길 위에 또 서 있다

바람이 불고 폭풍우가 몰아치고
꽃이 피고 새들이 한가로이 깃 치며
울고 웃는 여러 날 동안
이미 내 몸에 일부가 되어버린
굵은 동아줄 같은 고난을 붙잡고
그 안에서 날마다 새론 희망을 길어올린다

누가 뭐래도
난 내가 가야 할 길을 알고 있고
그 길을 한치의 머뭇거림 없이 걸어간다
흰구름 아래
바람을 손잡고
따스한 햇살 속에서
내 희망의 나래를 활짝 펴고
아름다운 이 길을 간다

당신과 함께 걸어가는 이 길 위에
향기론 꽃들이 피어나고
시냇물이 노래하고
눈부신 하늘이 내 몸을 부드럽게 감싸안고
햇빛은 내 앞에서 더욱 환하게 빛난다

난 오늘도 울고 웃으며
당신과 함께 걸어가는
이 길이
너무 행복하고 좋다

자운영

당신이 먼저 날 찾아와
내 모습 그대로 날 사랑해줘서 고마워요
당신이 내게 준 향기
내 가슴에 아직 남아 있어요

이름도 없이
돌틈에 보이지 않게 서 있던
키 작은 내가
당신 때문에 지금은 들판을 온통
연보랏빛 향기로 물들이고 있어요

당신이 지어준 그 이름을 가슴에 달고
비가 오나 눈이 오나
눈을 들어 당신 오실 날을 기다려요
이제는 당신의 말 한마디
당신의 손짓 하나까지
다 내게 웃음이 되고 눈물이 되었어요

언제나 오시나요
언제나 오시나요
오늘도 새벽부터 당신 닮은
하늘 향기를 지천으로 가득 펼쳐놓고
당신을 기다려요

산등성이 위로 오실까
저 들판 끝으로 오실까
날마다 당신 발자국 소리만 귀 기울여요
어느 날 온 산을 뒤흔들며
흰폭포수처럼 날 향해 달려오실
눈부신 당신을 이렇게 매일 기다리며
당신만을 노래하고 있어요

애기별꽃

내 모습이 보이나요
하도 작아서
사람들 눈엔 잘 띄지 않지만
나도 어여쁜 향기를 지닌 꽃이랍니다

언젠가 당신과 나눈 아름다운 이야기들
당신이 내게 들려준 은밀한 속삭임들
지금은 이렇게 내 가슴에 별이 되었어요

어느새 당신의 눈빛을 닮아버린 나는
언제나 당신 것이에요
너무 작아서
들판을 다 향기나게 할 순 없지만

나를 스쳐가는 누군가의
발길을 잠시 머물게 하고
따스한 미소를 건네 줄 수 있다면
그것이 나의 행복이에요

그대여, 당신 때문에
오직 당신 때문에
내가 이곳에
한줄기 꽃으로 피어났어요

별빛으로 흐른다

여기, 풀꽃의 향기 안고 사는
산새 한 마리
비잉빙 강기슭 맴돌고 있다
순한 바람의 따스한 숨결
강 위에 살며시 빛 뿌려지면
모든 만물이 그 안에서 흥에 겨워
수십리 밖 향기로이 봄길 흐르고
남은 생애
하늘 끝 비상하다
마침내 제 영혼의 깊은 계곡
눈부신 강 하나 풀어놓고 가는
산새 한 마리
저 하늘 아득히
그리운 별빛으로 흐른다

달맞이꽃

새하얀 달빛 아래
고개 숙여 홀로 피어난 꽃
당신은 나의 사랑을 기억하고 계시나요

당신만을 위해
당신만을 위해
나 여기 한적한 이곳에
아프게 뿌리를 내렸어요

다른 사람들은
다 나를 모른체해도
당신만 날 기억해 주고
날 알아주면 되요

매일 똑같이
길가 빈터에 나 홀로 있어도
오늘밤에도
당신이 날 찾아와 주고
당신과 함께 있을 수 있다면

그것만이 나의 기쁨이며
한없는 즐거움이며
영원한 행복이랍니다

능소화

당신을 만난 이후로
내 삶은 달라졌어요
내 생각은 온통 당신뿐이지요

언제부턴가
내 몸은 당신의 향기로 물들어서
이젠 당신을 떠나서는 살 수 없는
당신만 기다리는 꽃이 되었어요

한나절 내내
뜨거운 뙤약볕 속에서도
거친 폭풍우 속에서도
당신이 계신 곳이라면
나 어디든 달려갈 수 있어요
그 누구도 당신 만나러 가는
내 앞길을 막을 수는 없지요

하루 이틀 사흘
밤이나 낮이나
마을 앞 골목마다
등 밝히고
당신 오실 길 환하게 비추고 있어요

구불구불 가파른 비탈길로 오시려나
머나먼 저 산등성이로 오시려나
당신을 향한 내 마음은
오늘도 내일도
이렇게 매일
점점 더 깊어가고 있어요

물망초

나를 잊지 마세요
부디
나를 잊지 마세요

당신이 내게 준 기쁨
내가 당신께 드린 눈물
잊지 마세요

당신과 함께 했던 순간들
당신과 함께 걸어온 날들
부디 잊지 마세요

거칠고 메마른 땅
내가 당신 안에 꽃 피어나
당신이 내 안에 향기가 되어

해지도록
함께 꿈꾸며
아름답게 그려가던
신록의 그 땅과 하늘 아래

우리들이 함께 손잡고
노래하던
눈부신 그날들을
그대여 꼭 기억해 주세요

텃밭에서

오늘 하루도
내가 당신께 간다는
작은 설레임 하나 손에 쥐고
종일토록 이 텃밭을 일구고 있다

그러나 해가 뜨고 또 해가 지면서
더는 달랠 길 없는 아픔에
홀로 맘 겨웁고
꽃이 피었던 자리에
내가 가만히 서도
나는 더 이상 꽃이 되지 못한다

언젠가는 우리도
시냇가 맑은 조약돌처럼
소나무 아래 저 들풀처럼
서로 안고
도란도란 살아갈 수 있을까

내 초라한 간망 위에
비가 내리고
하얗게 눈이 덮이면
그땐
빈가슴 한끝 활활 불붙여
밤새워 향기론 꽃 한송이 피워내리

세월이 가도, 난 언제까지나
당신 빈 뜨락에
감사와 기도로 환히 등 밝히는
도라지꽃 향기로
겸손히 깨어 살고 싶다

산마을 사람들

키 나란한 너도밤나무 아래
수풀 우거진 좁은 오솔길을 따라
즐거이 노래하는 산새 몇 마리
나뭇잎 새 깃치며
싱그러운 아침 햇살 풀어내
산마을 곳곳 연초록 꿈을 엮는다

따사로운 봄빛 같은 사랑으로
그냥 버려도 좋을 하찮은 것들에
더 정주고 살아가는
가난해도 마음 넉넉한 착한 사람들이
서로 안고
이곳에서 울타리 되어 함께 살아간다

여름해 다 가도록
가시덤불 속 등켠 맑고 수줍은 메꽃처럼
저마다 제 영혼의 자리
향기 가득 깨워
오늘도 들꽃 같은 웃음 한다발
화안히 빛 풀어
깊은 산 맑은 시냇물로
찰랑찰랑 그리워 또 흐른다.

들국화

가을 푸른 하늘 아래
가을 들판을
아름답게 수놓고 있는
가을 닮은 들꽃이여
가을엔 내가 가는 길 어디서나
널 만날 수 있으니
너에게선 언제나
가을 마른풀 향기가 나는구나

인적 없는 들길에서
길가 풀섶에서
가을 산기슭 여기저기서
가을 닮은 다정한 눈빛으로
오늘도 즐거이 제자리를
지키고 서 있는 꽃이여

소박하면서도 청초한
네 모습이 너무 예뻐서
오가는 이들 눈길을 사로잡고
발길을 사로잡고
마음을 사로잡아
모두를 환히 미소짓게 하는
네 이름은 들국화

바람 불면 바람이 부는 대로
비가 오면 비를 맞으며
사람들 빈 가슴마다
연보랏빛 향기 터트려
새하얀 웃음 안겨주는
내 어머니 같이
정다운 꽃이여

가을 여행 1

만추의 마른 풀 향기에 취해
무작정 길을 따라 걷다 보면
어느새 나도
이름모를 한포기 마른 들풀이 된다
네모난 차창 밖으로
앞서거니 뒷서거니
차례로 손짓하며 다가서는
낯익은 산과 강들
산은 산대로
강은 강대로
저대로
하나씩 길을 만들고 또 지워가듯
아쉬움과 오랜 결별 속에 익힌
애틋한 사연 안고
그곳에서 홀로 그리워 가는 사람들

스쳐가던 한줄기 바람이
잠시 내 발길을 멈춰 세운다
아스라이 먼 곳으로만 치닫는
내 맘을 가만히 끌어안는다
내 안의 나를 찾아 떠난
가을 이 길목에서
그 동안 나를 힘들게 했던
나와의 치열한 싸움이

바로 지금 나를 나 되게 하는
이유임을 새삼 깨닫는다

그 바람 때문에
다시 찾은 내 안의 너 때문에
언젠가 네 안의 나 때문에
그로 인해 더욱 간절해진
소중한 내 삶 때문에
이 시간 난 눈물나도록 행복하다
사랑하는 이여,
너 역시 쓸쓸했던 지난 날들은
저 바람 속에 훌훌 다 털어버리고
이 가을, 푸른 하늘
한줄기 시가 되어 흐르자
아니 어쩌면 얼음 툭툭 깨치고
다시 깨어날 새봄을
목마름으로 살기 위하여
우리 함께 즐거이 이 길을 나서자

가을 여행 2

오늘도 나는 나의 길을 간다
머무는 것도 떠나는 것도
용기와 연습이 필요하다
가을은 깊어가고
저녁 어스름이 짙어가는 이 시간
나는 단 한번도 가본 적 없는
낯선 곳을 향해
고속버스에 몸을 싣는다

무엇 때문도
무엇을 위함도 아니다
그저 정처 없이 길을 나선다
어디선가
반가운 이를 만날 수 있을까
아니 아무도 모르는 곳에
나 홀로 있는 게 좋겠다
저 달빛만 벗삼으면
아주 외롭진 않으리라

그때 터미널 앞 꽃집에서 만난
키 작은 풍란과 사랑초꽃이
갑자기 내게
한줄기 빛으로 다가온다
나도 너희들처럼 어디서든

내 주어진 삶에 만족하며
거기서 묵묵히
향기로운 삶을 살아내고 싶구나

내가 만난 이 하루가
내 안에 나를 깨운다
때론 내가 걸어가는 이 길이
너무 힘들고 고단해서
가끔은 여기 그대로
주저앉고 싶을 때에도
손끝에 스쳐가는 바람 하나에
난 그만 눈시울이 뜨거워지고 만다

누구를 탓하지 않고
그리도 아름답게 꽃을 피우고
고운 향기를 내어
발길 허전히 오가는 이들에게
해맑은 미소를 안겨주는 너희들을 보며
나도 내게 주어진 소중한 이 날을
어떻게 살아야 할지
오늘 이 길에서 새롭게 배운다

소망 1

파도보다 높이 사는 법
파도보다 깊이 사는 법
저마다 이 하나쯤은
제 몫으로 남겨 살아갈진대

천리를 걸어도 닿지 않는 세상
그곳에 홀로 네가 있다
그곳에 홀로 내가 있다

가만히 귀 기울이면
내 안에 날 부르는 소리
나를 또 흔들어 깨우고

무너진 시간의 돌담 너머
햇빛 찬란한 눈물의 왕궁 속
마음 하나 이렇게 매일
사무쳐
너 향한 그리움에 산다

소망 2

칼끝같이 일어서는 세상
그 사잇길로
썰물처럼 빠져나간 문명의 흰재 한 줌
스치는 차창 너머로
밤새도록 흔들리는 땅과 바다
아득한 수평선 위로
힘차게 떠오르는
붉은 태양이
마지막
너와 내 눈물을 다 태운다

소망 3

너
그리워서
가을 숲길을 걷다 보면
나는 어디 가고
고개 숙인 새하얀 풀꽃잎들만
쌀알처럼 길섶에 박혀서
홀로이 목이 메인다

난 이제껏
네가 전부인 줄 알고 살았다
넌 언제나 그 자리에서
내가 부르면 금방 달려와 날 만나주고
보고 싶을 땐
얼른 내 손이 닿는 그곳에
늘 그렇게 서 있을 줄 알았다

이젠 그 하늘 아래
흰구름이 지나가고
산기슭에
너 닮은
새하얀 억새꽃들만 피어나
가을 바람에 이리저리 흔들리고

산길 따라 고요히
목놓아 울음 우는 산새소리만
남은 해를 붙잡고
서산을 넘어간다

소망 4

산 아래
봄햇살 가득한 곳
그곳으로 가만히
새순같이 모여 사는 사람들

한조각 달빛에 의지하여
살아간다는 이유 하나만으로도
넉넉히 감사할 수 있는 마음들이
하늘 향해
서로 강을 터
도란도란 그리워 살아간다

지치고 목마른 영혼들이
오늘도 제 살 풀어
길 위에 새로이 길을 내고
강 위에 새로이 강을 이어
밤새워
흐르고 또 흐른다

가을 자작나무 숲에서

당신을 기다립니다
언제나처럼 오늘도 이곳에서
당신을 기다립니다
아주 오랫동안 당신을
기다리고 또 기다려왔어요

험한 폭풍우를 견디며
앞이 보이지 않는
캄캄한 어둠 속에서
뜨거운 뙤약볕 속에서
흰구름 아래
내 삶을 단단히 뿌리내리고
매일매일
빛나는 보석 같은 영혼을 꿈꾸며
쉼 없이 달려 왔어요

때론 흔들리고
때론 넘어져도
다시 일어설 수 있었던 건
오직 당신이 내 안에 있어서입니다

나도 어느새
당신을 많이 닮아 있어요

당신만 바라보고
당신만 꿈꾸며
당신만 따라가니
이렇게 아름다운 순백의 혼을 지닌
은빛 나무가 되었어요

나 홀로 있을 때보다
당신을 사랑하는
우리들이 함께 모여 노래하니
세상은 더 환하고 밝아집니다

이젠 당신을 맞을 준비가 되었어요
눈부신 그대여 어서 오세요
나의 사랑
나의 영원한 사랑이여
어서 오십시오

오늘도 나는
이른 새벽부터 일어나
당신을 노래합니다
아름다운 내 모습이 보이시나요
오랜 세월 인내로써
당신이 빚어놓은 걸작품
내 삶을 당신께 드릴게요

소나무 연가

세상에 변하지 않는 것은 없다
세월이 흐르면서
모두들 조금씩 변해가는데
살아도 죽어도
오직 한 사람만을 바라보며
넌 오늘도 여전히
그 자리에 변함없이 서 있구나

우리 집 앞마당 울타리에도
어느새 연분홍 수줍은 메꽃이
한여름 뙤약볕 속에
아프게 피어났다
언젠가 홀연히
사랑하는 이를 먼저 떠나 보내고
마음 한쪽이 무너지던 날
그 후로부터 파랗게 멍이 진 세월이
지워지지 않는 그 깊은 한숨이
네게 푸른 상념의 옷을 입혀놓았나

마음은 어느덧
머나먼 산등성이로 달려가
지나가는 흰구름만 아득히 지켜보다

말없이 이 길 위에 돌아와
홀로 그리워 서 있지만
사람들은
언제 보아도 곧고 당당한 내 모습에
내 안의 눈물을 잘 보지 못하네
내 삶에 거친 풍랑이
널 향한 그리움이
지금 이렇게 날 세우고
나를 이 모습으로 살아가게 한다는 걸
아는 이가 있을까

비가 내리고

비가 내린다
비가 내린다

노래하던 골짜기도
산과 들이
온천지가
비에 젖는다

덩달아 내 마음도
비에 젖는다
하염없이 비가 내리고 또 내리고

이 비가 그치면
산은 더 푸르고 맑아지겠지
내 마음도 그럴까
내 마음도 그럴까

밤새도록
비가 내리고
또 비가 내리고
하늘과 땅이 온통 비에 젖어서
내 마음도 흠뻑 비에 젖어서

산 1

하늘과 하늘
나무와 나무
풀잎과 풀잎
동그란 돌틈 사이로
졸졸졸 흐르는
투명한 시냇물소리에
화들짝
새봄이 깨어나고

나비들도
산새들도
흰구름도
덩달아
아득히 꿈꾸는 이곳

밤이면
더욱 깊어진 골짜기에
해와 달과 별들이
가만 가만히 내려와
잠시 길을 쉬었다 가는

여기가
바로 산이다

산 2

그 산
그 강에 가면
그대를 만날 수 있을까
피우지 못한 꽃잎 사연 안고
그곳에 가면
보고픈
보고픈
그 사람 만날 수 있을까

콩을 털며

앞마당 가득 환히 펼쳐놓은
보드라운 가을빛 거두어
투두둑 툭툭 콩을 턴다
맨손 맨발로 힘차게 뛰쳐오르는
그 녀석들
하나 두울
힘껏 깨금발 딛고
먼 발치 바라보는
사금파리 세상 속에서
지나가는 산들바람
한 옥타브 툭툭 건들여보다
이내 까르르 까르르
눈부신 햇살 쏟아내고 마는
파도 같은
새하얀
새하얀 네 웃음소리

저 산에 가면

저 산에 가면
내가 찾던 사람을 만날 수 있을까
새소리 맑은
파아란 숲길 위로
빛타래 풀어 화안히 길 여는
여름 한세상

천천히 가는 길에 만나는
키 작은 풀꽃들이 더욱 반가운
하루 또 하루
얘들아, 얼른 일어나렴
달빛 속에서
별빛 속에서
기지개 켜고 얼른 일어나렴

신록의 산모퉁이
기다림에 지친 패랭이꽃 하나
한나절을 저 홀로 비 젖어 있고
푸른 강물은 기약도 없이
또 저만치 흐른다

지평선 너머
아쉬움으로 해 저무는 시간
이 빛을 따라
이 길을 따라
저 산에 가면
거기서
내가 찾던 사람을 만날 수 있을까

조금만 천천히 걸어보자

조금만 천천히 걸어보자
그러면
널 환히 미소 짓게 하는
꽃들의 수줍은 이야기도
산과 들의 멋진 노랫소리도
들을 수 있단다

조금만 천천히 걸어보자
그러면
달과 별들의 속삭임도
햇빛과 바람의 가슴 아픈 사연도
들을 수 있단다

네가 남보다
조금 더 천천히 걸어갈 때
이전에 보지 못했던
세상을 만나게 되고
새로운 내일도 꿈꿀 수 있지

가끔씩은 더 낮은 데로 내려가
더 높은 하늘도 올려다 보고
발 아래 땅도 가만히 내려다 보며
남보다 조금만 더 천천히 걸어보자

그러면 이전보다 훨씬 더
아름답고 풍성한 삶을 살게 된단다

이 길을 가야 하네

네 손 단단히 붙잡고
끝까지 이 길을 가야 하네
내게 주어진 삶이 내 것이 아니듯
죽음조차 정녕 내 것이 아니었음을
이젠 알겠네

너로 인해 울고 웃던
해묵은 이야기들
흐르는 저 강물에 다 띄워 보내고
뿌리 깊은 저 소나무처럼 살아보자

오늘도 이슬 같은 목숨 안고
땅끝 향해 달려가는
너와 나 머나먼 유정의 길
그 누가 알까
그 누가 알까

거기 은사시나무 아래
강물처럼 반짝이며
홀로 선 사람아
내 사람아
우리 다시 한번 힘을 모아
이 땅 위에
눈부신 아침 해를 밀어 올리자

박꽃 피는 마을

어둠 속에서
새하얗게 피어나는 꽃들
그래서 밤에 더욱
보석처럼 빛나는 꽃이여
초가집 지붕 위에
때론 담장 위에
제 고단한 삶을 내려놓고
오늘밤도 가만히
풀벌레 울음소리 밟으며
길을 나선다

눈이라도 마주치면
너무 부끄러워
별빛 사이로 몸을 숨기고
연초록 박덩굴 속에
하얀 미소만 반짝이고 있다가
보고픈 얼굴
남몰래 가슴에 묻어두고
홀로 목 메이는 흰 꽃이여

저녁에만 피었다가
아침이 되면 지는
서러운 네 꽃자리에
가을 어느 날
조롱조롱 조롱박이 달렸다

올해도 구름다리 박꽃마을
그 산 너머엔
고샅마다 밭둑마다 여전히
새하얀 박꽃들이
예쁘게
예쁘게 피어났을까

바람아, 바람아

바람아, 바람아
너로 인해
이 하루도
내가 또 즐거이 노래한다

네가 내 옷깃을 스쳐만 가도
난 너무 행복해서
깔깔깔 웃어대고

네가 내 손을 잡고
춤을 출 때
난 이 세상에서
가장 행복한 여인이 된다

깊은 산
사람들의 발길이 닿지 않는
먼 곳에
나 홀로 있어도

넌 나로 인해
난 너로 인해
우린 서로 이렇게
늘 행복하구나

□ 해설

만남을 위한 길 찾기의 시학

– 신영미 시인 시집 『작은 들꽃 하나가』에 부쳐 –

홍 문 표
(문학박사 • 시인 • 평론가)

신영미 시인이 『작은 들꽃 하나가』 라는 제목의 시집을 상재한다. 척박한 시대에 이처럼 아름답고 진지한 시집을 만나게 되니 메마른 땅에 단비를 만난 것처럼 시원하고 반가운 마음이다. 신영미 시인이 이번 시집을 통해 던지는 시적 상상력의 화두는 '내가 가야 할 길' 이다. 그는 '내가 가야 할 길이 있습니다' 라는 말로 시집의 서문을 연다. 그런데 시집의 제목을 보면 『작은 들꽃 하나가』 로 되어 있다. 그렇다면 '작은 들꽃' 은 바로 '나' 라는 서정적 주체일 수 있고 그 주체는 시인 자신일 수 있다. 따라서 이 시집은 작은 들꽃 하나 같은 서정적 주체가 가야 할 길에 대한 질문일 수 있고, 가는 도정일 수 있고, 가는 목적일 수 있다. 그만큼 이 시집은 작은 들꽃 같은 존재가 가야 하는 길에 대한 진지한 연민과 그 길에 대한 시적 상상력의 언어가 될 것임을 예견케 하고 있다.

제1부 '산길에서' 는 봄과 가을의 계절을 중심으로 한 시적 상상력의 언어에 집중하고 있다. 그리고 계절을 나타내는 시적 소재들은 해바라기를 비롯하여 동백에 이르는 꽃들로 장식되어 있다.

봄빛의 날개를 달고
부지런한 바람이
첨벙거리며
푸른 하늘을 뛰어다닌다
황토빛 서정으로
감아올린
작은 축원 하나
한갖 괴로움도
따스한 봄흙으로 덮고
희망의 푸른 싹 틔우리
손풍금 울리며
백양나무 가지 끝
사알짝 흔들고 가는
새봄의 향기
나도 어느새
한그루 봄이 되어
그대를 맞는다

– 「어느 봄날에」 전문

하늘 언저리
지나가던 바람이
달빛 한자락 끊어다
토담 위
새하얀 꽃등 달아놓았나

하늘 높이
유정으로 피워올린

눈물 맺힌 사연
마음에 또 사무쳐서
시린 가슴 안고
목메어 불러보는
그 이름

– 「백목련꽃이 필 때」 에서

신영미 시인의 이번 시집의 첫 장은 봄에 대한 제목들이 많다. 「봄길」, 「봄이 오는 소리」, 「어느 봄날에」, 「봄」, 「봄 울타리 너머」, 「봄 향기」 들이 그것이다. 봄은 출발이고 만물이 소생하는 부활과 재생이라는 보편적 이미지를 갖고 있기에 희망과 긍정의 시학에서 즐겨 사용하는 소재이다. 신영미 시인의 봄에 대한 시들도 겨울을 이기고 재생한 봄의 강인한 생명력을 유감없이 표현하고 있다. 「어느 봄날에」 도 봄빛의 날개를 달고 첨벙거리며 푸른 하늘을 뛰어다니는 바람을 내세워 희망의 푸른 싹 틔우며, 손풍금 울리며, 새봄의 향기를 날리는 봄날의 환희가 시적 화자와 함께 어울려 봄의 정취가 절정을 이룬다.

더구나 이러한 봄의 정취는 다양한 꽃들의 개화를 통해 더욱 화려한 공간을 만들고 있는데 해바라기, 석류, 개나리꽃, 배꽃, 백목련, 진달래, 봉숭아, 금낭화, 접시꽃들이 그것이다. 물론 다른 계절에도 꽃은 있지만 역시 봄에 집중하고 있다. 그런데 이들 꽃들은 모두가 여성 화자를 통해 애절하게 그대를 그리워하고 기다리는 연가풍의 서정적 노래가 주를 이루고 있다. 꽃은 원래 여성성을 지닌 이미지이기에 여성 시인으로서는 충분히 투사할 만한 기법이다. 특히 「백목련 꽃이 필 때」 를 보면 우선 백목련 꽃에 대한 시인의 상상력이 돋보인다. "하늘 언저리/ 지나가던 바람이/ 달빛 한자락 끊어다/ 토담 위/ 새하얀 꽃등 달아놓았나" 에서 보듯이 새하얀 달빛과 새하얀 꽃등 그리고 원관념인 백목련꽃이 적절한 아날로지를 형성하면서 시적 상상력을 잘 구사하고 있다.

그런데 이들 꽃들은 모두 애상적 감성을 지녔다. 눈물맺힌 사연이 사무쳐 목메어 그 이름을 부른다. 꽃들에게는 그 화려한 열정에도 불구하고 눈물이 있고 그리움이 있고 그대를 간절히 기다리는 목마름이 있다. 시인은 만개한 꽃들에게서 화려함뿐만 아니라 그 뒤에 있는 슬픔을 함께 보고 있는 것이다.

신영미 시인의 이번 시집에는 봄과 가을이 계절의 중심을 이룬다고 했다. 봄이 생성이고 재생이고 만남이라면, 가을은 소멸이고 이별이라는 의미에서 생성과 소멸, 만남과 이별의 극단적인 대조를 보여준다고 하겠는데, 이는 생명의 탄생과 죽음, 만남과 이별이 시인에게 있어서는 매우 중요한 존재 인식임을 보여주는 증좌라 할 수 있다.

낯선 세상 결별을 이루며
해와 달이 서로 비껴
먼 땅 먼 하늘을 넘나들고
꽃과 바람이 서로 안고
마지막 따스한 체온을 나누고 있다
지금 소리 없는 음률로
내 몸을 타고 흐르는 고요가
정녕 어둠탓만은 아닐진대
마음 결연히
너마저 떠나보내면
또다시 아픔으로 소리내어 우는
비젖은 간망
해마다 가을이면
생목숨 치받고 올라오는 서러운 강줄기
저 산허리 아득히

별빛조차
시름 앓고 눕는다

– 「가을을 보내며」 전문

저
들길 위로
소리 없이
바람 불면
눈부신
바람 불어오면
나 어여쁜
색동옷 입고
보고픈 그대
그리운 그대
얼른
만나러
가야겠네

– 「낙엽 2」

가을은 쇠락과 이별의 계절이다. 「가을을 보내며」 는 그러한 정서를 그대로 드러내고 있다. 그래서 가을은 서럽고 별빛조차 시를 앓는 계절이 된다. 그런데 「낙엽 2」 를 보면 가을은 결코 이별과 소멸의 서러운 계절만은 아닌 것이다. 오히려 어여쁜 색동옷 입고 보고픈 그대 그리운 그대를 만나러 가야겠다는 또 다른 만남이 있다. 가을이나 낙엽에 대한 일반적인 인식은 소멸이고 이별인데, 여기서는 오히려 또 다른 만남으로 설레인다는 놀라운 반전이 있다. 모든 것이 소멸되어 가는 가을에도 누군가를 만나야 한다는 역설, 여기에 신영미 시인의 이번 시집이 천착하고자 하는 '가야 할 길' 과 관련 있는 것은 아닐까. 사실 봄의 시, 봄꽃들의 시에서도 그 화려한 축제 속에서 간절히 그대를 그리워했고 그대를 만나고자 하였다. 그렇다면 그가 '가야 할 길' 이란 다름 아닌 봄과 가을과 꽃과 낙엽을 통해 만나고자 하는 그대를 향한 길일 것이다.

이처럼 제1부의 산길에서는 계절을 통해 이별과 만남이 있었고, 꽃과 낙엽을 통해 이별과 만남이 있었다. 이는 바로 자연이란 그대와의 만남과 이별 그리고 또한 만남일 것이다. 그런데 제2부 너와 나에서는 바로 인격적인 너와 나 사이의 만남과 이별 그리고 또한 만남이다.

눈을 감아도 또렷이 보이는 그대
밤새워 지운다고
지울 수 있을까
아직도 그대에게 얽혀 있는 마음
풀어내기 힘드오
강물이 소리없이 흘러 큰 바다 이루듯
때가 되면
그대 잊히기야 하련만
내 삶의 간이역
스치는 한줄기 바람에도
빈 가슴 가득 무덤으로 키운
빛의 상흔
마음은 이렇게 매일
눈물의 뼈를 닦는가

－「마음은 이렇게 매일」 전문

너와 나
새하얀 달빛에 기대앉아
함께 꿈 꾸었지
이제는 머나먼 수평선 위로
한줄 기도가 되어 흐르는
향기로운 꽃 한다발의 추억
그때 내 가슴에 묻어둔
파아란 하늘 한장 펼쳐서

너 있는 곳으로
흰구름 띄워보내면
내 마음 전할 수 있을까
너 지금은 어느 하늘 아래서
네 그 고운 꿈을
화알짝 나래 펴고 있니

–「너와 나」에서

“눈을 감아도/ 또렷이 보이는 그대/ 밤새워 지운다고/ 지울 수 있을까” 앞서 제1부의 시에서는 그대에 대한 그리움과 열망으로 가득했는데 제2부의 첫 시「마음은 이렇게 매일」에서는 그대의 기억을 지우는 고통에 있다. 그 기억의 실상을 빈 가슴 가득 무덤으로 키운 빛의 상흔이라 했는데, 그것이 눈물의 뼈를 닦을 만큼 심한 통증이다. 그런데 그 고통스런 그대는「너와 나」에서 보다 선명한 얼굴을 보인다. 그것은 바로 유년기의 추억 속에 있는 너다. “새하얀 달빛에 기대 앉아/ 함께 꿈 꾸었지” 라는 구절을 보면 너는 친구이거나 연인일 수 있는데 달리는 유년의 자아라고 할 수도 있겠다. 그러나 “너 지금은 어느 하늘 아래서/ 네 그 고운 꿈을/ 화알짝 나래 펴고 있니” 를 보면 너와의 이별, 너와의 단절감에서 오는 외로움이 분명하다. 그러나 시적 화자는 너와의 이별에 대한 슬픔에서 끝내 머무르지 않는다. 그러한 애상에서 다시 벗어나는 것이다.

그것은 시집 제목으로 제시한「작은 들꽃 하나가」를 계기로 하여 너와의 이별에 대한 슬픔을 벗어나 새로운 희망으로 승화되는 모습을 보게 된다.

어디선가 연분홍 고운 나래를 펴고
작은 들꽃 하나가
내 처마 밑 섬돌에 내려와 앉아

그 동안 천리 빗길 이어온
깨알 같은 속사연
밤 깊도록 풀어놓는다

그래, 이 세상 어디에 눈물 아닌 삶이 있을까
이 세상 어느 곳에
내 뜨거운 눈물 없이도
일으킬 수 있는 삶이 있단 말인가

-「작은 들꽃 하나가」에서

해거름, 허름한 좌판 가득 펼쳐놓은
한꾸러미 남은 일과를 아쉬움으로 거두어
구절초꽃 피어 흩어진
내 유년의 강가 또 그리워 간다
하루에도 몇 번씩 찬바람 끝 유영하는
해진 내 꿈의 조각들
눈물의 사연 안고 등에 강물 풀어낸다
아픔으로 어제 쓰라렸던 하루도
오늘은 해바라기처럼 활짝 허리 펴 세우고
흰 파도처럼 쉼없이 나를 일으켜
저 깊은 무념의 땅을 헤쳐가면
언젠가는 널 다시 만날 수 있을까
사철 소나무처럼 청청히 제 향 지키고 사는
푸른 강 하나, 이따금씩
내 안에 부시도록 새벽빛 풀어놓고 간다

-「희망 3」 전문

어느 쓸쓸한 봄날에
살며시 내게 다가와
들꽃 한아름
품에 안겨 주던 당신

수많은 사람들 중에
내 손을 잡아주고
반가이 내 이름을 불러준
고마운 당신

– 「감사 1」 에서

늘 너 하나만을 고집하며
묵정밭 쐐기풀 위에
눈물자국 남기던
남루의 세월조차
이제는 모두다
그리움이라 이름 두자

이른 아침부터 사립문 흔들며
빈 들판 여기저기로 흩어져간
수천의 눈송이들처럼
나는 이제 네 안에서
일월의 세찬 강바람보다 자유롭다

– 「나는 이제 네 안에서」 에서

「작은 들꽃 하나가」 는 유년기의 감상적인 추억이나 나약하고 부정적인 삶에서 벗어나는 깨달음의 시요, 성숙으로 전환하는 시라고 해야겠다. 그 깨달음의 결정적인 계기는 "이 세상 어디에 눈물 아닌 삶이 어디 있을까" 라는 구절에서 확인된다. 삶이 무엇이고, 인생이 무엇인가를 알게 된 것은 바로 '눈물' 이란 것이다. 그리고 그러한 깨달음의 원인이 된 것은 작은 들꽃 하나가 '그 동안 천리빗길 걸어온 사연을 풀어 놓았기 때문이다. 여기서 작은 들꽃의 정체는 무엇일까. 그것은 생명력을 지닌 가냘픈 야생화일 수 있고, 어쩌면 시인 자신의 강인한 의지일 수도 있다. 물론 인간은 누구나 유년의 강이 그리울 수 있다. 그러나 언제까지나 과거의 감상에만 머물 수는 없는 것이다. 이제는 해바라기처럼 활짝 허리 펴 세우고 흰 파도처럼 쉼없이 나를 일으켜 세우다 보면 언젠가는 헤어졌던 너를 만날 것이라는「희망」을 갖게 된다. 그 희망은 마침내 감사가 되고 나는 이제 네 안에서 하나가 되는 자유의 경지에 이른다. 그리고 이러한 전환의 결정적인 계기는「감사1」에서 보듯이 어느 쓸쓸한 봄날에 들꽃 한 아름 품에 안겨 주던 "당신" 때문이다. 절대적인 존재의 섭리와 은총을 통해 그 동안 방황했던 너와 나의 갈등을 극복하게 된 것이다. "나는 이제 네 안에서/ 일월의 세찬 강바람보다 자유롭다" 참으로 구원을 확인하는 성숙한 목소리다.

그렇다면 그처럼 시인이 가고자 했던 길, 가야만 하는 길이란 바로 봄과 가을, 꽃과 낙엽을 통해 만나고자 했던 길이며, 순수와 헤어졌던 자아를 회복하는 길인데 그것은 너와 내가 분리되어 서로가 그리워하는 관계가 아니라 이제는 하나 되는 관계, 네 안에 내가 있고, 내 안에 네가 있는 화해와 융합의 관계, 그것이 바로 시인이 가고자 했던 시학의 길이며 구원과 자유가 있는 길이다.

신영미 시집

작은 들꽃 하나가

2012년 11월 15일 인쇄
2012년 11월 20일 발행

지은이 신 영 미
펴낸이 신 용 호
펴낸곳 창조문학사

서울 서대문구 홍은동 397-26 동천아카데미 5층
등록번호 제1-263호
전화 02-374-9011 / FAX 02-374-5217

공급처: 한국출판협동조합 전화 02-716-5619~9

값 8,000원
ISBN 978-89-7734-328-3